इश्क का आशियाना
भाग-२

SHAYAR KA AFSANA

विराज ..एल

समर्पित है मेरा इश्क का ये आशियाना
जो बेहतर समज पाया हो इश्क को

क्रम-सूची

1. तुझे में खुद से ज्यादा प्यार कर लूं

तुझे मैं अपनी बाहों में ऐसे छुपा लूं

की तुझे कोई हमसे छिन ना सके

आ तुझे में इतना प्यार कर लूं की कोई

और उतना प्यार न कर सके

आ तुझे में खुद से ज्यादा प्यार कर लूं

खुद से ज्यादा प्यार कर लूं

तेरे इन होठों को ला में चुम लूं

इन जुल्फों से में ज़रा खेल लूं

तुझे चाहत के रंगसे ला मै भर दूं

चाहे फिर कब मुलाक़ात हो सके

तुझे में अपनी बाहों में ऐसे छिपा लूं

की तुझे कोई हमसे छिन ना सके

आ तुझे में खुद से ज्यादा प्यार कर लूं

तेरे संग रहके में बेकरार रहेती हूं

तेरी याद में जान ए जा जागती रहेती हूं

मुझे तू अपने दिल में इतना बसा ले

की मुझे कोई तुमसे जुदा ना कर सके

तुझ मैं अपनी बाहों में ऐसे छुपा लूं

की तुझे कोई हमसे छिन ना सके
आ तुझे में खुद से ज्यादा प्यार कर लूं

आ तुझे में इतना प्यार कर लूं की कोई
और तुमसे उतना प्यार न कर सके
तुझे में खुद से ज्यादा प्यार कर लूं
तुझे में खुद से ज्यादा प्यार कर लूं

2. सुना मेरा दिल है सुना ये शमा है

सुना मेरा दिल है, सुना ये शमा है
तेरे बिन सुना मेरा ये जहाँ है
मेरे इस दिल मै तेरी ही तस्वीर है
तेरे बिन क्या मेरी तकदीर है
सुना मेरा दिल है....

तेरी इन आंखो मे मुजे अश्क दिखते है
तेरी इन यादों मे बिसरे वो पल दिखते है
देखती हुं मै फिर भी चुप रहती हुं
झमाने के डर से रहेता दिल भी मजबूर है
सुना मेरा दिल है, सुना ये शमा है
तेरे बिन सुना मेरा ये जहाँ है
मेरे इस दिल मै तेरी ही तस्वीर है
तेरे बिन क्या मेरी तकदीर है
सुना मेरा दिल है....

सुहाने वो पल थ जिसमे हम रहते थ
दिवानगी की चाह मे तुमसे मिलते थ
तेरी चुप सी तन्हाई को हम समझते है
जुदा हम हो गए तो मेरा क्या कुशूर है

सुना मेरा दिल है, सुना ये शमा है
तेरे बिन सुना मेरा ये जहाँ है
मेरे इस दिल मै तेरी ही तस्वीर है
तेरे बिन क्या मेरी तकदीर है
सुना मेरा दिल है....

समझते है हम सब फिर भी तुमसे दूर है
दिल मे है प्यार फिर भी हम मजबूर है
सुना मेरा दिल है, सुना ये शमा है
तेरे बिन सुना मेरा ये जहाँ है
मेरे इस दिल मै तेरी ही तस्वीर है
तेरे बिन क्या मेरी तकदीर है
सुना मेरा दिल है....

3. तेरा मेरा जो है ये रिस्ता वो कोई तोड़ नहीं सकता

तेरा मेरा जो है ये रिस्ता वो कोई तोड़ नहीं सकता
बरसो से तड़पते दिलों को कोई जुदा नहीं कर सकता

जुदा हुए थे जब पेहले
तब भी मौत को साथ गले मिले थे हम
अब भी वही है फसाना
जो एक ना हुए तो मरके भी साथ रहेंगे हम
तेरा मेरा जो है ये रिस्ता वो कोई तोड़ नहीं सकता
बरसो से तड़पते दिलों को कोई जुदा नहीं कर सकता

इन आंसुओ को अब ज़मीन पे बिखरने से हमें रोकना है
प्यार की राह में बंधी जंज़ीर को प्यार से ही तोडना है
दुनिया के ज़ुल्म से ये प्यार कम हो नहीं सकता
तेरा मेरा जो है ये रिस्ता वो कोई तोड़ नहीं सकता
बरसो से तड़पते दिलों को कोई जुदा नहीं कर सकता

अगर इस जनम में एक न हुए तो फिर से जनम लेंगे
दोबारा

सातों जनम में हम ही बने रहेंगे एक दूजे का सहारा
खुदा ने जिन दिलो को है हर जनम में मिलवाया
वो खुद चाहके भी उसे अलग नहीं कर सकता
तेरा मेरा जो है ये रिस्ता वो कोई तोड़ नहीं सकता
बरसो से तड़पते दिलों को कोई जुदा नहीं कर सकता

4. तुझसे ही तो में प्यार करता हूं

तू कहे तो मैं आ जाऊं
तू कहे तो मैं चला जाऊं
तेरे ही पास है, दिल मेरा ये तो
तेरी ही सांस से मैं जी ता हूं
हां तुझसे ही तो में प्यार करता हूं
मैं प्यार करता हूं

तेरी आंखों में देखता हूं तो
लगता है ये मेरे ख्वाबों में रहती है
तेरी बातें में सुनता हूं तो
लगता है ये सच्चा यार चाहती है
तुजो कहे मैं वो करूंगा
तू कहे तो इन बहों मे सो जाऊं
तू कहे तो तेरे दामन में ठहर जाऊं
तू कहे तो मैं आ जाऊं
तू कहे तो मैं चला जाऊं
तेरे ही पास है दिल मेरा ये तो
तेरी ही सांस से मैं जी ता हूं
हां तुझसे ही तो में प्यार करता हूं
मैं प्यार करता हूं

दोस्ती है अपनी जैसे मीन और पानी
एक दूसरे से अलग होकर भी एक साथ रहते हैं
खुदा से ये इबादत हर वक्त मांगता हूं
की दिल और जान से मैं तेरा हो जाऊं
तेरे साथ में अपना जीवन बिता दूं
तू कहे तो मैं आ जाऊं
तू कहे तो मैं चला जाऊं
तेरे ही पास है दिल मेरा ये तो
तेरी ही सांस से मैं जी ता हूं
हां तुझसे ही तो में प्यार करता हूं
मैं प्यार करता हूं

5. सफर मेरा अपना है ये

सफर मेरा अपना है ये जिसपे मै चल रहा हूं
काम मेरा खुदका है ये जिसे मै मनसे करता हूं
जिसको हो इससे एतराज वो निगाह अपनी मोड दो
जिसे हो पसंद ये काम उसका मै स्वागत करता हूं
सफर मेरा अपना है ये जिसपे मै चल रहा हूं
काम मेरा खुदका है ये जिसे मै मनसे करता हूं

मुश्किल आती है हर उस मंझर मै
जिसका मुक़द्दर अच्छा होता है
दिल रेहता है हर उस काम मै
जिसका तसव्वुर सच्चा होता है
जिस राहसे मै चल रहा हूं उससे मै प्यार करता हूं
सफर मेरा अपना है ये जिसपे मै चल रहा हूं
काम मेरा खुदका है ये जिसे मै मनसे करता हूं
जिसको हो इससे एतराज वो निगाह अपनी मोड दो
जिसे हो पसंद ये काम उसका मै करता स्वागत हूं
सफर मेरा अपना है ये जिसपे मै चल रहा हूं
काम मेरा खुदका है ये जिसे मै मनसे करता हूं

लोग जाते है लोग आते है
दिन ढलते है रात आती है
हम बठते है लोग हँसते है

हम डुबते है लोग हँसते है
लोगो की क्यों तुम सुनते हो
खुदकी मंजिल खुद पहचानो
चलो यारो सच्चाई के साथ

देखो मै खुद उसपे चल रहा हूं
सफर मेरा अपना है ये जिसपे मै चल रहा हूं
काम मेरा खुदका है ये जिसे मै मनसे करता हूं
जिसको हो इससे एतराज वो निगाह अपनी मोड दो
जिसे हो पसंद ये काम उसका मै करता स्वागत हूं
सफर मेरा अपना है ये जिसपे मै चल रहा हूं
काम मेरा खुदका है ये जिसे मै मनसे करता हूं

6. जबसे मैंने तुझको पाया है

जबसे मैंने तुझको पाया है तबसे मेरा जीवन खूबसूरत हो गया है

तुमसे मिलके मुझको मिला है वो प्यार जिसे ख्वाबों में महसूस किया है

तुम्हारा हुआ हूं तो लगता है जैसे मुजको ये सारा जहां मिल गया है

जबसे मैंने तुझको पाया है तबसे मेरा जीवन खूबसूरत हो गया है

तुमसे मिलके मुझको मिला है वो प्यार जिसे ख्वाबों में महसूस किया है

तुमने मुझको जबसे अपनाया है तबसे आशिक सा मेरे दिल में तू समया है

तेरे साथ अब मुझको है जीना पगली हर पल साथ तेरे ये दीवाना है

जबसे मैंने तुझको पाया है तबसे मेरा जीवन खूबसूरत हो गया है

तुमसे मिलके मुझको मिला है वो प्यार जिसे ख्वाबों में महसूस किया है

ज़माने को छोड़ो वो तो देखागा अपने प्यार की सभी
निसानियां

हमको तो जो दिखाना है इनको वो तो अपनी वफ़ाएं है

जो कभी मिटी नहीं जो कभी मिटाई जाती नहीं वो सिर्फ
निभायी जाती है

जबसे हमने प्यार को समझा है तबसे दिल ने तुझको ही
अपना बनाया है

जबसे मैंने तुझको पाया है तबसे मेरा जीवन खूबसूरत हो
गया है

तुमसे मिलके मुझको मिला है वो प्यार जिसे ख्वाबों में
महसूस किया है

वादा है मेरा ना मैं जाउंगा छोड़के तुझे इस दुनिया में
अकेला

मेरा भी है ये वादा तुमसे जाउंगी ना छोड़के में तुझे अकेला

हमको तो रहना साथ अब तेरे तेरे ही आँचल में अब मुझे
संवरना है

जबसे मैंने तुझको पाया है तबसे मेरा जीवन खूबसूरत हो
गया है

तुमसे मिलके मुझको मिला है वो प्यार जिसे ख्वाबों में
महसूस किया है

तुम्हारा हुआ हूं तो लगता है जैसे मुजको ये सारा जहां
मिल गया है

जबसे मैंने तुझको पाया है तबसे मेरा जीवन खूबसूरत हो
गया है

7. मैंने तुझसे ही प्यार किया

तुने ओ साजन मुझको इतना बेकार क्यों किया
रात दिन में तुझको ही चाहूं मैंने तुझसे ही प्यार किया
मेरे सवालो में मेरे ख्यालों में तेरा ही नाम है पिया
मैंने तुझसे ही प्यार किया

फूलों के गुलशन में दिल के आंगन में
पलकों के दामन में बरसते सावन में
दिल की धड़कन से इसकी हर सरगम से
मैंने तुझसे ही इजहार किया
मेरे सवालो में मेरे ख्यालों में तेरा ही नाम है पिया
मैंने तुझसे ही प्यार किया

उगते सूरज से ढलते इस दिन तक
दिखते ही चांद से ढलती इस रात तक
मैंने तुझको ही चाहा किया
दिलो के अफसाने लब्ज़ो के ये पेमाने
बातों के ये मेहखाने कसमो के दीवाने
बनते रहेंगे मेरे तेरे साथ ही पिया
मैंने तुझसे ही प्यार किया

8. अलविदा है तुझे आशिक मेरे

अलविदा है तुझे आशिक मेरे
तुझे अब मेरी जरूरत नहीं
जो चाहिए था तुझे वो मिल गया है
तुझे अब मेरी जरूरत नहीं
मुजे अब तुमसे कोई शिकायत नहीं
अलविदा है तुझे आशिक मेरे

में अगर तुझे मीलूं और कहीं
हम अनजान है ऐसे मिलेंगे वही
प्यार जो है दिल में छुपा के उसे
जीते रहेंगे हम जमाने में यही
जो होना था वो हो गया है
जो चाहिए था तुझे वो मिल गया है
तुझे अब मेरी जरूरत नहीं
मुजे अब तुमसे कोई शिकायत नहीं
अलविदा है तुझे आशिक मेरे

दफन है इश्क अपना मेहफुझ इस रूह में
जीवन है अब जितना अपना इस जमीन पे
जुदा हुए हम फिर भी तेरी याद तो आएगी

और हम जिएंगे रख कर तुजे सरआंखो पे
जो हमने सोचा था वो हुआ नहीं है
जो ख्वाब देखे हैं वो पुरे होते नहीं
तुझे अब जीना है मेरे बिना
तुझे अब मेरी जरूरत नहीं
मुजे अब तुमसे कोई शिकायत नहीं
अलविदा है तुझे आशिक मेरे

9. तेरे बिना मेरे दिल को चैन कहां

तेरे बिना मेरे दिल को चैन कहां
तेरे बिना मेरे मन में मित कहां
तेरे बिना मेरे दिल को चैन कहां
तेरे बिना मेरे मन में मित कहां
तेरे बिना....

सोचते हैं हम तो दिन भर ये
कभी तो मिलेंगे हम यहां
देखा नहीं है सालभर तुझे
न जानते है तुम हो कहां
तेरे बिना ये राते ढलती कहाँ
तेरे बिना मेरे दिल को चैन कहां

सारे जमाने में तुझे जनता हूं
तेरे शिवा दुनिया में मेरा कोई कहां
तुमसे ही है सारी ख़ुशियाँ मेरी
तुमपे ही कुर्बान ये मेरा विराना जहां
तेरे बिना मेरे दिल को चैन कहां
तेरे बिना मेरे मन में मित कहां
तेरे बिना....तेरे बिना...

तेरे बिना मेरे दिल को चैन कहां
तेरे बिना मेरे मन में मित कहां
तेरे बिना...तेरे बिना...

10. तू लगती है क्या हाय रामा

तू लगती है क्या हाय रामा
तू चलती है क्या हाय रामा
तेरी अदा है कातिल हाय रामा
तुझे देखूं तो लगता है प्यार हुआ रामा
तू लगती है क्या हाय रामा....

तेरी आंखों में दिखता गुरुर है
तेरी बातों में छलकता सुरूर है
तुझको में चाहूं तो मिलता मुझे सुकून है
मेरे होठों से निकला अब हुजूर है
मेरी यादों में तू बस गया हाय रामा
तुझे चाहूं तो मिलेगा सुकून रामा
तू लगती है क्या हाय रामा.....

तेरे बदन में बिजली का करंट रामा
जो छु ले वो हिल जाए रामा
तेरी हरकतों ने हमें घायल किया रामा
तेरे प्यार में हम पड़ गए रामा
तुझे पटाने को में ग़ालिब हुआ रामा
तू लगती है क्या हाय रामा....

विराज गोहेल

तू चलती है क्या हाय रामा
तेरी अदा है कातिल हाय रामा
तुझको देखूं तो लगता है प्यार हुआ रामा
तू लगती है क्या हाय रामा....

11. इस जहां में मुझे मिली है सिर्फ तू

इस जहां में मुझे मिली है सिर्फ तू

दिल से करता हूं प्यार वो है तू

इस जहां में मुझे मिला है सिर्फ तू

जुड़ी है मुझसे जिसकी सदाएं वो है तू

तो क्या गिला है आजा मेरे पास तू

दिल से करता हूं प्यार वो है तू

जुड़ी है मुझसे जिस्की सदाएं वो है तू

इस जहां में मुझे मिला है सिर्फ तू

इस जहां में मुझे मिली है सिर्फ तू

सपनो में दिखता है जो मुझे वो है तू

जिस सांस से जिंदा हूं उसमें बसता है तू

हमनशी है वो जिसे करता हूं में प्यार

मैं आशिक हूं तेरा तू बनती हर पल मेरा करार

तुमसे ही फन्ना है मेरी उजड़ी जिंदगी का सफर

मैं सागर हूं मुझसे जूड़ी वो लहर है तू

दिल से करता हूं प्यार वो है तू

इस जहां में मुझे मिली है सिर्फ तू

जुडी है मुझसे जिसकी सदाएं वो है तू
इस जहां में मुझे मिला है सिर्फ तू
तो क्या गिला है आजा मेरे पास तू
गले लगा लूं जो हो सादी के लिए राज़ी तू
दिल से करते हैं एक दूसरे से प्यार हम
मुझे मिला है इस जहां में सिर्फ तू...
मुझे मिली है इस जहां में सिर्फ तू...
दिल से करते हैं एक दूसरे से प्यार हम

12. तेरी सभी सरते मुजे कुबुल है

तेरी सभी सरते मुजे कुबुल है
तु हो खुश तो मुजे ये जुदाई मंजूर है
तु है खफा मेरा कुशूर नही है
मेरी किस्मत का लिखा मुझे मंजूर है
तेरी सभी सरते मुजे कुबुल है
तु हो खुश तो मुजे ये जुदाई मंजूर है

तेरी पसंद है जो... हां वो मुजे पसंद नही
मेरी आदते है जो...हां वो तुजे मंजूर नही
दोनो की पसंद अलग है वो मेरा कुशूर नही
तु है खफा तो मुझे किस्मत का लिखा मंजूर है
तु हो खुश तो मुजे ये जुदाई भी मंजूर है

सारे गीले है जो मैं उसे भुला चुका हूं
दिल-ए-दर्द है जो अश्कों से बहा चुका हूं
वो जो प्यार के शिलशिले थे उनको
जिन्दगी-ए-दस्त है उसमे बहा चुका हूं
अब ना निकलेगा तेरा नाम भी इन होंठो से
तु जो समज इसे अब यही मेरा गुरूर है
तेरी सभी सरते मुजे कुबुल है

विराज गोहेल

तु हो खुश तो मुजे ये जुदाई मंजूर है
तु है खफा मेरा कुशूर नही है
मेरी किस्मत का लिखा मुझे मंजूर है

13. तेरी आंखों से हमने ये ख्वाब देखे हैं

तेरी आंखों से हमने ये ख्वाब देखे हैं
की तेरी बाहों में हम सिमट के बैठे हैं
तेरी आंखों से हमने ये ख्वाब देखे हैं
की मदहोश तेरी आगोश में हम सोए है
तेरी आंखों से हमने ये ख्वाब देखे हैं

मिलते हैं हम रोज़ बागों में
खिलता है प्यार इन दो दिलों में
सब कुछ सीखा हमने जिंदगी से
ना सिख पाए वो तेरी वफाएं हैं
चाहत मेरी तेरी आशिकी है
बाकी सब लब्ज़ वो जूठे है
तेरी आंखों से हमने ये ख्वाब देखे हैं...
की तेरी बाहो में हम सिमट के बैठे हैं

सुनो जरा तुम मेरा ये कहना
दिल से कहो तुम ना चलाना
फ़िक्र छोड़ो दिल से ये कहना
न मचलेगा ये पांगल दीवाना
ख़ूबसूरत कई है इस दुनिया में

पर तुमसे ओ हमनशी हसीन नहीं है
महबूब मेरा है सिर्फ एक दुनिया में
वो तुम हो जान ए जा दूसरा नहीं है
तेरी आंखों से हमने ये ख्वाब देखे हैं
की तेरी बाहो में हम सिमट के बैठे है
तेरी आंखों से हमने ये ख्वाब देखे हैं
की मदहोश तेरी आगोश में हम सोए है
तेरी आंखों से हमने ये ख्वाब देखे हैं...

14. तुमसे बचकर में जाऊं कहां

तुमसे बचकर में जाऊं कहां
तेरी निगाहों से छीपकर में जाऊं कहां
मेरे दिल की बात सुनो तुम जरा
तेरे दिल से निकल कर में जाऊं कहां
तुमसे बचकर में जाऊं कहां
तेरी निगाहों से छिपकर में कहां

तेरे पास रहके करने लगी हूँ मोहब्बत में
तुमसे ही सीखी है मैंने आशिकी की ये अदाएं
आँखों से तेरी में जन्नत देखती हूँ
प्यार में तेरे मुझे मिली है ये सदाएं
तेरा साथ छोड़ के में अब जाउ कहां
तेरे शिवा कौन है मेरा दुनिया में यहां
तुमसे बचकर में जाऊं कहां
तेरी निगाहों से छीपकर में जाऊं कहां
मेरे दिल की बात सुनो तुम जरा
तेरे दिल से निकल कर में जाऊं कहां

इल्तज़ा है मेरी मुजको ना तुम मना करना
इनायत से हमने है तुझको तो पाया

इत्तेफाक है या हकीकत जरा मुझे तू कहना
क्या तुमने हमसे ये इजहार किया
तुमसे मुकर के मैं जाऊं कहां
तेरे शिवा में मसरूफ रहूंगा कहां
तुमसे बचकर में जाऊं कहां
तेरी निगाहों से छीपकर में जाऊं कहां
मेरे दिल की बात सुनो तुम जरा
तेरे दिल से निकल कर में जाऊं कहां

15. तू है प्यार मेरा तू ही मेरी आशिकी

तू चल साथ मेरे थाम ले हाथ मेरा
वादा दे न छोड़ेगा कभी तू साथ मेरा
तू चल साथ मेरे थाम ले हाथ मेरा
वादा दे न छोड़ेगा कभी तू साथ मेरा

तू है प्यार मेरा तू ही मेरी आशिकी
तू है ख़्वाहिश अब मेरी ज़िंदगी की
तू है प्यार मेरा तू ही मेरी आशिकी

चांद के इस आईने में मुझे दिखे सिर्फ तू
गुलशन की गलीयो में मुझे मिले सिर्फ तू
वफाओं से जुड़ी है लकीर मेरी तकदीर की
अब तो जो है मेरी जिंदगी है वो आपकी
तू है प्यार मेरा तू ही मेरी आशिकी

राज़ की बात है कहता हूं तुमसे आज में
उल्फत की शाम से डुबे हम तेरे प्यार में
वादा है साथ रहुंगा में
छोड़के फ़िक्र अपनी जान की

ना कभी तोडुंगा मे
मैने कसमे दी है जो प्यार की
तू है प्यार मेरा तू ही मेरी आशिकी
तू है प्यार मेरा तू ही मेरी आशिकी

16. तेरी हसरत पर हार गया में अपना सारा खुमार

तेरी हसरत पर हार गया में अपना सारा खुमार
तेरी वफाओं से छा गया दिल में उल्फत का सुरूर
तेरी हसरत पर हार गया में अपना सारा खुमार

तुने आंखे मिलायी हमसे हम उसमे खो गए हुजूर
तुने जाम छुडवायी हमसे जिनसे थे हम मशहूर
नैना मिलते ही तू अफसुन कर गया
एक मुशव्वीर से मशरूफ कर गया
तेरी हसरत पर हार गया में अपना सारा खुमार।

तेरे अल्फाज़ो के आफरीन सागर में शायर मजबूर हो गया
नज़रों से मुकमल इश्क को तु दीवानगी की हदसे पार ले
गया
तेरी मदहोश चाल पे हाय दीवाना दिल आ गया
वही दिललगी की चाह से में कर गया हूं इकरार

तेरी वफाओं से छा गया दिल में उल्फत का सुरूर
तेरी हसरत पर हार गया में अपना सारा खुमार
तेरी हसरत से सो गया मेरा अपना सारा गुरूर
तेरी हसरत पर हार गया में अपना सारा खुमार

विराज गोहेल

17. तू है मेरा या है बेवफा मै ना जानती हूं

तू है मेरा या है बेवफा मै ना जानती हूं

पर तू रहेगा सदा मेरा

तेरी सादगी हमें भा गई

न चाहते हुए भी में तुमसे प्यार कर गई

तू है मेरा या है बेवफा मै ना जानती हूं

पर तू रहेगा सदा मेरा

तू रहेता है सामने मेरे

रोज़ देखती हूं में तुझे

इश्क है दिल में भी तेरे

फिर क्यों नहीं कहता तु मुजे

देखना इंतज़ार में कहीं मै खफा ना हो जाउ

तेरी याद में कहीं मै रो भी ना जाउ

तू है मेरा या है बेवफा मै ना जनती हूं

पर तू रहेगा सदा मेरा

मेरे आशिको की कतारो में तुम हो नहीं

मेरे सपनों के नज़ारो में भी तुम हो नहीं

सोचती हूं इन यादो मे तेरी होके बस जाउ

चाहूं तब अपना बनाके तेरी बाहों में सो जाउ

तू है मेरा या है बेवफा मै ना जनती हूं
पर तू रहेगा सदा मेरा
तेरी सादगी हमें भा गई
न चाहते हुए भी में तुमसे प्यार कर गई

तू है मेरा...मैं जनती हूं...

18. अपनी अदाओं पे तू इतना गुमा ना कर

अपनी अदाओं पे तू इतना गुमा ना कर
कल कोई इसे चुरातो जरूर लेगा
फिर तेरी रंगत पे डाग वो आएगा और
तेरी खुशीयो को वो छिन लेगा
अपनी अदाओं पे तू इतना गुमा ना कर
कल कोई इसे चुरातो जरूर लेगा

ये मगरूर आँखों को जरा तू छिपा के रख
कोई दीवाना आके कहीं इसे भीगा जाएगा
रेशमी जुल्फों को तू जरा संभाल के बांध
कल कहीं तूफ़ान आया तो इसे लेहरा जाएगा
अपनी अदाओं पे तू इतना गुमा ना कर
कल कोई इसे चुरातो जरूर लेगा
फिर तेरी रंगत पे डाग वो आएगा और
तेरी खुशीयो को वो छिन लेगा
अपनी अदाओं पे.....

मस्तानी चाल में कदम जरा संभाल के रख
नहीं तो अंधेरे अमीक हसरत में ये पड जाएगा
अपने लबों को तू जरा काबू में रख

नहीं तो ये किसी इश्क के जाम को छू जाएगा
अपनी अदाओं पे तू इतना गुमा ना कर
कल कोई इसे चुरातो जरूर लेगा
फिर तेरी रंगत पे डाग वो आएगा और
तेरी खुशीयो को वो छिन लेगा
अपनी अदाओं पे तू इतना गुमा ना कर.....

19. इत्तेफाक है या हकीकत

इत्तेफाक है या हकीकत
के आज हम दोनो एक साथ है
ना पता मुझे है क्या पर
इस दीवाने का तराना अब आप है
इत्तेफाक है या हकीकत है...

मौसम का ये बदलना सावन का ये आना
इशारा है मेरी जान हम दोनो का पास आना
पर फिर भी दिल मुकर रहा है
न मान रहा है की हम दोनो एक साथ है
इत्तेफाक है या हकीकत
के आज हम दो एक साथ है
ना पता मुझे है क्या पर
इस दीवाने का तराना अब आप है

हम जानते हैं दोनो के दरमियान
था इंतजार का ये लंबा परदा
पर अब ये हट गया है
और आई है मिलने की ये सदा
ना मानो तो नहीं मानो तो ये सच है
की इतने दिनों के बाद हम मिले हैं
इत्तेफाक है या हकीकत है

के आज हम दो एक साथ है
ना पता मुझे है क्या पर
इस दीवाने का तराना अब आप है

20. कहना है तो आज अभी कहदो

कहना है तो आज अभी कहदो
कल का क्या बनाते हो बहाना
प्यार है तो आज अभी करलो
कल का क्यों बनाते हो अफसाना

दिललगी का ऐसा कोई दस्तूर नहीं
नहीं कोई ऐसा जो रोक सके है इसको
ये तो है आशिक का एक आशियाना
खिलता है उनसे प्यार करते हो जिसको
तुम कोई मुझे एसा तराना दो
जहां पे आसान हो तुमसे मिलना
कहना है तो आज अभी कहदो
कल का क्या बनाते हो बहाना

यादों के गुलशन में तुम आते हो
आके हमे बेचैन कर जाते हो
थोडासा कोई दिललगी का इशारा दो
जिसे समज सके इश्क का नजराना
कहना है तो आज अभी कहदो
कल का क्या बनाते हो बहाना

विराज गोहेल

प्यार है तो आज अभी करलो
कल का क्यों बनाते हो अफसाना

21. देखेंगे नहीं हम और किसिको

देखेंगे नहीं हम और किसिको
मेरे दिल में साजन सिर्फ तुम बसे हो
जाएंगे नहीं हम किसी और के आंगन को
मेरे दिल के ताले में सिर्फ तुम फसे हो
देखेंगे नहीं हम और किसिको

इस रंगिन अदाओं पे हम तो हाय मर गए
तेरी मासूम नजरो में हम तो हाय खो गए
न जाने क्यों हम तो पागल हो गए
लगता है हम तुमसे प्यार कर गए
मेरे दिल में साजन सिर्फ तुम बसे हो
ना कहके इशारो में इजहार तुम करते हो
देखेंगे नहीं हम और किसिको
मेरे दिल में साजन सिर्फ तुम बसे हो
देखेंगे नहीं हम और किसिको

इस दिल को हाय तुम भा गए
हर पल सपनो में तुम छा गए
निगाहोंसे क्या जादू तुम कर गए
अब तो हम तुझसे प्यार कर गए

ना ना करते इतने करीब आ गए हो
कह भी दोना मुझसे तुम प्यार हो
देखेंगे नहीं हम और किसिको
मेरे दिल में साजन सिर्फ तुम बसे हो
जाएंगे नहीं हम किसी और के आंगन को
मेरे दिल के ताले में सिर्फ तुम फसे हो
देखेंगे नहीं हम और किसिको

ये दिल है जहां में एक प्यारा

ये दिल है जहां में एक प्यारा
जो जुड गया तुमसे सारा का सारा
ये चेहरा है चांद से प्यारा
जो भा गया हमे सारा का सारा
जब से देखा हमने तुमको
मुस्कुराने लगा दिल हमारा
ये दिल है जहां में एक प्यारा

तुमको देखुं मै रोज बाग में
जिधर हो तुम उधर आउ में
तुमसे मिलने का ये मौसम आया
जाने कैसा दिल में ये करार लाया
बस एक ही है अब मेरी तमन्ना
ये दिल और मै हो जाए तुम्हारा
ये दिल है जहां में एक प्यारा
जो जुड गया तुमसे सारा का सारा

लहर उठे सागर में जैसे,
पवन चले आसमान में जैसे
खुश्बू मेहके गुलशन में जैसे
मै भी बसुंगा तुम्हारे दिल में ऐसे

जो तू हा कहे तो हो जाउं मैं बस तुम्हारा
जो चल तू साथे मेरे

दिखलाउं तुझे जहां ये सारा का सारा
तेरा साथ है सबसे प्यारा
और तेरे नाम ये दिल है सारा का सारा
ये दिल है जहा में एक प्यारा,
जो जुड़ गया तुमसे सारा का सारा
ये चेहरा है चांद से प्यारा
जो भा गया हमे सारा का सारा